同じ？ ちがう？ 使い方を考えよう！

和語《わご》 漢語《かんご》 外来語《がいらいご》

❶「手品・奇術《きじゅつ》・マジック」生活編《へん》

汐文社《ちょうぶんしゃ》

まえがき

日本語は世界に数ある言語の中でも、とても珍《めずら》しい言葉なのです。

みなさんはそのことを知っていますか？

世界の共通言語である英語はアルファベット２６文字の組み合わせで構成《こうせい》されています。それに比《くら》べると、日本語の文字はひらがな４６文字・カタカナ４６文字・常用《じょうよう》漢字２１３６文字とほんとうに多いですね。それらを小学生のうちに使い分けられるようになるのですから、日本の小学生は素晴《すば》らしいと思います。

１千年以上前、平安時代には文字を書ける人は少なかったのですが、男性《だんせい》は主《おも》に漢文の知識《ちしき》から漢字文を書き、女性《じょせい》はひらがなを書きました。

時代は変わり、外来語が日本語に入るようになり、外来語の表記はカタカナとなり、現代では和語（日本に昔からある言葉で漢字は訓読《くんよ》み）・漢語（中国から入ってきた言葉で漢字は音読み）・外来語（カタカナ表記）が使われているのです。

本書は３巻構成《かんこうせい》の第１巻《かん》で、日常《にちじょう》生活の中の「和語・漢語・外来語」の使い分けについて書きました。「和語」「漢語」「外来語」にはどんな使い分けがあるのでしょう。「使い分け」がどうしてされているのか、謎解《なぞと》きをしてみてくださいね。

みなさんの身の回りの日本語表現をあらためて考える機会になれば嬉《うれ》しく思います。

佐々木《ささき》 瑞枝《みずえ》

もくじ

和語
手品

漢語
奇術《きじゅつ》

外来語
マジック

手品、奇術《きじゅつ》、マジックなどでよく使われる決まり文句《もんく》は「種《たね》も仕掛《しか》けもありません」です。しかし、手品には必《かなら》ず「仕掛《しか》け」があり、手品師《し》の手元を見て「仕掛《しか》け」を見つけるのも面白《おもしろ》いものです。奇術《きじゅつ》は「実現不可能《じつげんふかのう》なこと」をやってみせます。しかし実際《じっさい》には合理的な原理が働《はたら》いているのです。

二世紀《せいき》後半の日本について書かれた「魏志倭人伝《ぎしわじんでん》」（注）には、当時の女性《じょせい》リーダー「倭国《わこく》の女王」について「卑弥呼《ひみこ》は鬼道《きどう》につかえ、よく大衆《たいしゅう》をまどわし」とあります。この「鬼道《きどう》」とはおそらく未来を予測《よそく》する力のことで、卑弥呼《ひみこ》は星の動きなどから天変地異《てんぺんちい》を予測《よそく》するなど民衆《みんしゅう》とは違《ちが》ったことができるということで、権力《けんりょく》を得《え》ていたと考えられています。

注：「魏志倭人伝《ぎしわじんでん》」は中国の歴史《れきし》書『三国志《さんごくし》』の中の「魏書《ぎしょ》」（第三十巻《かん》）にあります。「邪馬台国《やまたいこく》」に住んでいた「倭人《わじん》」（日本人のこと）の習俗《しゅうぞく》や地理などについて書かれています。卑弥呼《ひみこ》は当時の連合国家のリーダーだったと言われていますが、その場所については北九州説と畿内大和《きないやまと》説（今の大阪、奈良、京都の一部）があります。

手品　和語

手品には必《かなら》ずトリックや仕掛《しか》けがあります。仕《し》掛《か》けを使って不思議《ふしぎ》なことを見せるので「奇術《きじゅつ》」とも言われます。手品をする人のことを「手品師《し》」「奇術師《きじゅつし》」などと言います。子《こ》どもにもできる手品はたくさんあり、「消える一円玉」「消しゴム消失《しょうしつ》マジック」「動くわりばしマジック」などが代表的なものです。インターネットで説明されているものであり、動画を見ながら練習できます。

奇術《きじゅつ》　漢語

奇術《きじゅつ》でよく見かけるのは、奇術師《きじゅつし》が少人数を前にしてテーブル上で、トランプやコインを使って行うものです。観客《かんきゃく》が選んだトランプを当てるなど、観客《かんきゃく》も奇術《きじゅつ》に参加《さんか》でき奇術師《きじゅつし》とのコミュニケーションが楽しめます。大掛《おおが》かりな奇術《きじゅつ》では、舞台《ぶたい》で帽子《ぼうし》の中から鳩《はと》が飛び出し客席《きゃくせき》の上を飛び回るもの、箱に入った人間が消えるもの、人体を切断《せつだん》するものなどがあります。どれも仕掛《しか》けがあります。

マジック　外来語

マジックは英語のmagic《マジック》からきた外来語で辞書《じしょ》には「手品」「魔法《まほう》」「奇術《きじゅつ》」とあります。magic《マジック》の語源《ごげん》は占星術《せんせいじゅつ》をつかさどる古代ペルシャの祭司階級《さいしかいきゅう》マゴスです。マジックには種《たね》も仕掛《しか》けもありません、でも不思議《ふしぎ》な現象《げんしょう》を起こすことができるのです。ですからマジックは「魔術《まじゅつ》」とも言われます。マジックをする人のことを「マジシャン」と言います。

和語

おもちゃ

漢語

玩具《がんぐ》

外来語

トイ

最近ではネットでおもちゃを注文する親も増《ふ》え、「着せ替《か》え人形」「ゲーム」「パーティーグッズ」「ままごと・ごっこ遊び」「パズル」などが人気です。新着アイテムには「キャラクターカードゲーム」などが出てきます。おもちゃも時代と共に変化しているのです。

「玩具《がんぐ》」は「人が持って遊ぶ道具」のことを言います。似《に》ている表現《ひょうげん》に「遊具」があります。ＴＶ《テレビ》ゲームなどは道具が遊び方を規定《きてい》していますが、「遊具」は遊ぶ人が遊び方を自由に考えることができます。

トイ（ｔｏｙ）は玩具《がんぐ》、遊び道具、模型《もけい》などを表す英語から外来語になったもので、子《こ》ども用のカメラ「トイカメラ」や「飛行ボールトイ」（ＵＦＯ《ユーエフオー》おもちゃ）、「メイキングトイ」（工作キット）のように使われます。

おもちゃ　和語

　おもちゃは買うだけではなく「手づくりおもちゃ」でも楽しみましょう。牛乳《ぎゅうにゅう》パックからは「びっくり箱」「船」「魚釣《つ》りゲーム」などをつくることができます。牛乳《ぎゅうにゅう》パックはとても丈夫《じょうぶ》なので、ペン立てや花《はな》入《い》れもできます。

　ペットボトルで万華鏡《まんげきょう》をつくると楽しいですよ。万華鏡《まんげきょう》に入れるプラスチックの鏡《かがみ》やビーズなどを用意しましょう。

玩具《がんぐ》　漢語

「玩具」の読み方は「がんぐ」「おもちゃ」の両方です。「郷土玩具《きょうどがんぐ》」「知育玩具《ちいくがんぐ》」のように複合語《ふくごうご》を構成《こうせい》する場合には「がんぐ」が使われます。

　日本各地には、昔から伝《つた》えられてきた「郷土玩具《きょうどがんぐ》」があります。鳩笛《はとぶえ》（青森県）、鳴子《なるこ》こけし（宮城県）、なまはげ人形（秋田県）、赤べこ（福島県）、三角だるま（新潟県）、加賀人形（石川県）、伏見《ふしみ》人形（京都府）、ふく笛《ぶえ》（山口県）など、地域《ちいき》の伝統工芸品《でんとうこうげいひん》でもあります。

トイ　外来語

　トイミュージアム（おもちゃ博物館《はくぶつかん》）に行ったことがありますか？　東京都の新宿には「東京おもちゃ美術館《びじゅつかん》」があります。日本の木の玩《がん》具《ぐ》などで遊べる交流・体験型《がた》ミュージアムです。「木曽《きそ》おもちゃ美術館《びじゅつかん》」は長野県にあり「そば打ち」や「木工《もっこう》・草木染《くさきぞめ》」などの体験ができます。栃木県にも楽しい「壬生町《みぶまち》おもちゃ博物館《はくぶつかん》」がありますよ！

和語

釜《かま》

漢語

炊飯器《すいはんき》

外来語

クッカー

　稲作《いなさく》文化の日本では、毎日の仕事のひとつに「お釜《かま》でご飯《はん》を炊《た》くこと」がありました。平安時代には土器《どき》の羽釜《はがま》が登場、江戸《えど》時代に入ると広く庶民《しょみん》にも普及《ふきゅう》しました。釜《かま》に米と、米の２割増《わりま》しの水を入れてかまどで炊《た》いたのです。現代《げんだい》では炊飯器《すいはんき》がすべて自動で炊《た》いてくれますが、その当時はかまどに薪《まき》をくべ、女性《じょせい》が「はじめチョロチョロ（弱火）、中パッパ（強火）、じゅうじゅう吹《ふ》いたら火をひいて、赤子泣《な》くとも蓋《ふた》とるな」と、ご飯《はん》が炊《た》き上がるまで、かまどから離《はな》れられなかったのです。

　現代《げんだい》の炊飯器《すいはんき》は保温《ほおん》の機能《きのう》もあり、ご飯《はん》を炊《た》くだけでなくいつでも温かいご飯《はん》が食べられます。クッカーはキャンプや登山などで使う携帯《けいたい》用の小型鍋《こがたなべ》です。アウトドア用のバーナーを使ってご飯《はん》だけでなく、カレーやシチューなどの煮込《にこ》み料理《りょうり》もできます。子《こ》どもたちのキャンプでもよく使われています。

釜《かま》

和語

「同じ釜《かま》の飯《めし》を食う」ということわざがあります。ある程度《ていど》の期間に他人どうしが同じ家で寝《ね》起《お》きを共《とも》にすることを言います。ひとつの大きな釜《かま》で炊《た》き上げたご飯《はん》をいっしょに食べることで、共同体《きょうどうたい》としての意識《いしき》が育っていきます。現代《げんだい》社会では運動部やオーケストラ、コーラスグループなどが合宿《がっしゅく》をする時などにも使われます。「お米を炊《た》く釜《かま》」を使った日本ならではのことわざです。

炊飯器《すいはんき》

漢語

炊飯器《すいはんき》はお米を主食とする中国、韓国《かんこく》、東南アジアでもよく使われています。日本の炊飯器《すいはんき》をおみやげにする外国人旅行者もいます。「日本の炊《すい》飯器《はんき》で炊《た》くとご飯《はん》が格段《かくだん》においしくなる」そうです。家電量販店《りょうはんてん》に行くと何種類《しゅるい》もの炊飯器《すいはんき》が並《なら》んでいて、値段《ねだん》も数千円のものから十万円を超《こ》えるものまで千差万別《せんさばんべつ》です。加熱《かねつ》方式や内釜《うちがま》の違《ちが》いによって値段《ねだん》に差が出るようです。

クッカー

外来語

ライスクッカーはアルミニウムやステンレスでできています。ふきこぼれや焦《こ》げ付きなどが起こりにくいというメリットがあります。しかし、炊飯器《すいはんき》とはちがって保温機能《ほおんきのう》はなく、また予約炊飯機能《よやくすいはんきのう》もありません。炊飯器《すいはんき》は電気などで炊《た》きますが、クッカーは直火《じかび》で炊《た》きます。アウトドアでご飯《はん》を炊《た》くのに昔は「飯盒《はんごう》」を使いましたが、今はふつうの鍋《なべ》としても使えるクッカーが主流《しゅりゅう》です。

和語

飴《あめ》

漢語

砂糖菓子《さとうがし》

外来語

キャンディ

飴《あめ》は金太郎飴《あめ》、七五三の千歳飴《ちとせあめ》など、米などのデンプンを糖分《とうぶん》に変えてつくったねばりけのある甘《あま》い食品です。甘《あま》いものが少なかった時代につくられた言葉に「アメとムチ」（飴《あめ》と鞭《むち》）・・・相手を思い通りにコントロールしたい時には飴《あめ》（報《ほう》酬《しゅう》）を与《あた》えて、自分の意にそわないことをしたらムチ（罰《ばつ》）を与《あた》えるという表現《ひょうげん》があります。

砂糖菓子《さとうがし》は砂糖《さとう》を主にしたお菓子《かし》の総称《そうしょう》です。チョコレート、キャラメル、金《こん》平糖《ぺいとう》、飴《あめ》、ゼリーなど豊富《ほうふ》な種類《しゅるい》があります。

キャンディは西洋風の飴菓子《あめがし》の総称《そうしょう》です。

気をつけなくてはいけないのはいずれもカロリーが高いことで、１００グラムあたり平均《へいきん》３３０キロカロリーもあり、ご飯《はん》茶碗《ちゃわん》一杯分《いっぱいぶん》（１５０ｇで約《やく》２３０キロカロリー）よりも多いのです。

飴《あめ》

和語

「金太郎飴《あめ》」は細長い飴《あめ》のどこを切っても同じ金太郎の模様《もよう》が出てくる飴《あめ》です。明治《めいじ》時代のはじめからずっと続いている飴《あめ》のデザインです。

江戸《えど》時代には派手《はで》な衣装《いしょう》の「飴《あめ》売り」が飴《あめ》を売って歩きました。飴《あめ》が固《かた》まる前に曲げたり膨《ふく》らませたりして動物や植物の形をつくり人々を楽しませたのです。「飴細工《あめざいく》」は日本の伝統《でんとう》文化です。

砂糖菓子《さとうがし》

漢語

チョコレートやキャンディなどの砂糖菓《さとうが》子《し》は疲《つか》れた時に食べると早くエネルギーに変わり、おいしいだけでなく、非常食《ひじょうしょく》としても役立ちます。

しかし食べすぎは肥満《ひまん》につながります。2023年の小学5年生の肥満傾向児《ひまんけいこうじ》の割合《わりあい》は男子15%、女子10%と高く、砂糖菓子《さとうがし》はおいしいけれど「ほどほどに」楽しむべきです。

キャンディ

外来語

candy《キャンディ》は英語から来た外来語です。アメリカ英語では「甘《あま》いお菓子《かし》」であるチョコレート、クッキーもキャンディですが、イギリスではsweet《スイート》になり、日本では「飴《あめ》」類のことを言います。

「飴《あめ》と鞭《むち》」はしつけなどをする時に飴《あめ》(甘《あま》い面)と鞭《むち》(厳《きび》しい面)両方備《そな》えていることのたとえです。先生や親に褒《ほ》められたり(飴《あめ》)叱《しか》られたり(ムチ)しながら、子どもは成長していきます。

和語
飲み物

漢語
飲料《いんりょう》

外来語
ドリンク

東京の歌舞伎座《かぶきざ》に行くと、提灯《ちょうちん》などが飾《かざ》られている下にドリンクコーナーがあり、お水、ソフトドリンク、お茶、お酒などが販売《はんばい》されています。これらはすべて「飲み物」です。

「ドリンクバー」は、何種類《しゅるい》もある中から自分で好《す》きな飲み物を入れて飲むサービスです。店側《みせがわ》としては注文を受ける、席《せき》に運ぶなどの手間を省《はぶ》くことができます。お客にとっては料理《りょうり》が運ばれてくるまで自由に「飲み物」を選び、おかわりすることができるというメリットもあります。

飲料《いんりょう》は「飲み物」のことです。日本でよく飲まれる飲料《いんりょう》は1位《い》お茶、2位《い》水、3位《い》コーヒーです。

飲み物　和語

子どもが好きな飲み物って何でしょう？ 牛《ぎゅう》乳《にゅう》などの白い飲み物、夏なら家庭の冷蔵庫《れいぞうこ》によくある麦茶《むぎちゃ》、炭酸《たんさん》が好《す》きな子どもは甘い炭酸《たんさん》飲料《いんりょう》、健康に良い乳酸菌飲料《にゅうさんきんいんりょう》などでしょうか？ 大人《おとな》の飲み物にはコーヒーや紅茶《こうちゃ》、緑茶「茶色や緑」の類が加わります。飲み物からビタミンC《シー》などの栄養《えいよう》を補給《ほきゅう》するのに野菜《やさい》ジュースや果物《くだもの》ジュース、スムージーもありますよ！

飲料《いんりょう》　漢語

「飲料《いんりょう》」は「飲み物」という意味です。「飲料水《いんりょうすい》」は無色透明《むしょくとうめい》で、衛生的《えいせいてき》で飲料《いんりょう》に適《てき》している水のことです。日本の「飲料水《いんりょうすい》」は水道法で規定《きてい》されていて、病原菌《びょうげんきん》や有毒《ゆうどく》物質《ぶっしつ》が含《ふく》まれないことが条件《じょうけん》です。水道水が飲料水《いんりょうすい》として飲める日本は世界でも珍しい国で日本を含《ふく》めて北米やオセアニアなど12カ国しかありません。

ドリンク　外来語

薬局やスーパーでは「ドリンク剤《ざい》」「栄養《えいよう》ドリンク」がよく売られています。疲労回復《ひろうかいふく》・栄養補給《えいようほきゅう》のために飲《の》むものです。「スポーツドリンク」はスポーツなどで汗《あせ》をかいた時に失《うしな》われた水分・電解質《でんかいしつ》をすばやく補給《ほきゅう》してくれます。「ソフトドリンク」はアルコールを含《ふく》まない（1％未満《みまん》）清涼飲料水《せいりょういんりょうすい》のことで、乳《にゅう》製品《せいひん》や乳酸菌飲料《にゅうさんきんいんりょう》もこれには含《ふく》まれません。

和語　遠出

漢語　遠足

外来語　ハイキング

「遠出」は遠いところまで出かけることです。この言葉は「市郊外《こうがい》への遠出」（出典《しゅってん》：『蒼《あお》ざめた馬を見よ』１９６６年 五木寛之 著（文春文庫））としてはじめて使われました。今から約《やく》六十年前は郊外《こうがい》に行くのも「遠出」でした。交通機関の発達《はったつ》した今では、「遠出」は「新幹線《しんかんせん》を使った日帰り旅行」などにも使われます。

学びを目的とした学校行事としての「遠足」がはじめて行われたのは１８９６年で、主《おも》に遠い道のりを歩く「日帰り旅行」を指します。東京の小学校では高尾《たかお》山《さん》や江戸《えど》東京《とうきょう》たてもの園《えん》（小金井市）など、学校のある場所によって遠足の場所も決まっていることが多いです。

ハイキングは山や川、高原などで自然にしたしむ、歩くことを目的とした旅行を言います。

遠出

和語

「明日、あさっては連休だからちょっと遠出しようか」とお父さん。お父さん「遠出」という時は車や電車で朝出かけて一泊《いっぱく》し、翌日戻《よくじつもど》れる距離《きょり》のところが多いです。東京からの場合は、千葉県の九十九里浜《くじゅうくりはま》、山梨のぶどう狩《が》り、栃木県の日光国立公園などです。「遠足」や「ハイキング」は「歩くこと」が主な目的ですが、「遠出」は交通機関を使って遠くに行けます。

遠足

漢語

遠足は学校行事のひとつです。遠足で楽しみなのはお弁当《べんとう》ではありませんか？ クラスごとに先生の後《うしろ》について歩き回り、いつもなら学校給食《きゅうしょく》でみんな同じものを食べるのに、遠足ではおにぎりだったり、いなり寿司《ずし》だったり、コンビニ弁当《べんとう》だったりするので、友だちのお弁当《べんとう》をのぞくのも楽しみです。疲《つか》れた友だちは労《いたわ》ってあげましょう。

ハイキング

外来語

英語のhiking《ハイキング》には「長く歩く」という意味があります。日帰りのハイキングは「デーハイキング」(day hiking)と言います。「ハイキングする」という言い方もあります。「バスハイク」という複合語《ふくごうご》は、バスで長距離《ちょうきょり》を旅行することを言います。「ハイカー」はハイキングする人の意味です。

和語

催《もよお》し

漢語

行事

外来語

イベント

「昨日《きのう》、新入生歓迎《かんげい》の催《もよお》しがありまして・・・」

「新入生歓迎《かんげい》会は大事な年中行事ですよね」

「新入生も歓迎《かんげい》のイベントを楽しんだようですよ」

「催《もよお》し」は人を集めて会合や興行《こうぎょう》を行うことで、この場合の「新入生歓迎《かんげい》の催《もよお》し」は一年の中でも特別《とくべつ》なものです。「行事」は一定の計画のもとに、日時を決めて行う事柄《ことがら》で儀式化《ぎしきか》されている場合が多いです。学校では「入学式」「卒業式《そつぎょうしき》」などは「年中行事」になっています。「イベント」は英語のｅｖｅｎｔ（出来事、行事、事件《じけん》）がそのままカタカナで書かれた外来語です。ある場所であらかじめ決められた時間に開催《かいさい》されるスポーツ大会やコンサート、展示会《てんじかい》などがあります。

催《もよお》し

和語

父「今度の日曜日、SDGs《エスディージーズ》の催《もよお》しがあるんだけど、行かない？」

母「わたしはバザーの催《もよお》しの手伝《てつだ》いで・・・」

週末《しゅうまつ》になるとさまざまな催《もよお》しがあり、ネットや掲示《けいじ》を見てどこに行こうか迷《まよ》ったことはありませんか？ 催《もよお》しは、バンドの演《えん》奏《そう》や手品、相撲《すもう》大会など参加型《さんかがた》のものもあります。みなさんも参加《さんか》してみませんか？

行事

漢語

小中学校の年中行事に入学式（４月）・卒業式《そつぎょうしき》（３月）があります。両方とも儀式化《ぎしきか》されていて、卒業式《そつぎょうしき》では前から卒業生《そつぎょうせい》、在校生《ざいこうせい》、保護者《ほごしゃ》の順《じゅん》に着席《ちゃくせき》するのが一般的《いっぱんてき》です。

日本では学年のはじまりは４月と決まっていますが、世界の国を見てみると４月に新学年がスタートする国は少なく、アメリカ、イギリス、ベルギー、ロシアなどは９月がスタートです。

イベント

外来語

イベントは行事のように定期的に行われるものではなく、近くの公民館《こうみんかん》で時々ある「コンサート」や「落語大会」などです。コンサートはピアノ独奏《どくそう》やオーケストラの演奏《えんそう》、ミュージカルなどがありますが、イベントは催《もよお》し全体を意味する言葉です（「催《もよお》し」もイベントの一部です）。イベントでは人々の交流が生まれたり知名度があがるというメリットがあります。

和語 **学ぶ**

漢語 **勉強**

外来語 **スタディ**

わたしが試験《しけん》で悪い点をとった時、父はこう言ってわたしを慰《なぐさ》めてくれました。「他の生徒《せいと》と比《くら》べなくてもいいんだよ。学校の成績《せいせき》ではわからないことがたくさんあるんだから」「学校の勉強だけがすべてじゃない」。わたしは父の言葉から多くのことを学びました。（あるスポーツ選手の言葉）

「学ぶ」は教えてもらって覚《おぼ》えたり、見習って覚《おぼ》えるという意味が強く、スポーツや音楽、技術《ぎじゅつ》、人生など試験《しけん》の点数だけでは測《はか》れないことにも使います。それに対して「勉強する」は授業《じゅぎょう》などから学び自分で実践《じっせん》してさまざまな分野のことを知ることです。

「スタディ」は英語の「ｓｔｕｄｙ」からきた外来語で「ケーススタディ」（事例研究《じれいけんきゅう》）、「スタディツアー」（旅行しながら学ぶ）など、「スタディ」（勉強する）に付随《ふずい》して別《べつ》の外来語がつく例《れい》が多く見られます。

学ぶ　和語

「学ぶ」は教えてもらって覚《おぼ》える、見習って知り覚《おぼ》えることです。

たとえば音楽の授業《じゅぎょう》では楽器《がっき》の演奏《えんそう》の仕方や音符《おんぷ》の読み方、西洋音楽と日本音楽の音階の違《ちが》い、理科の授《じゅ》業《ぎょう》では生物の「生態《せいたい》」や「栄養《えいよう》の取り方」、このような勉強はもちろんのこと、授業以外《じゅぎょういがい》でも両親や知人との会話から多くのことを学んでいるはずです。「人の役に立つこと」が「幸福感につながる」と学んでいるでしょう。

勉強　漢語

学校で教科を「勉強」することでさまざまな分野の知識《ちしき》を得《え》て、将来《しょうらい》、自分がしたい仕事につなげることができます。勉強することで自分の得意《とくい》分野、不得意《ふとくい》分野を知ることができ、クラスメートとのグループワークやディスカッションを通じてコミュニケーション能力《のうりょく》を高めることができます。あなたの将来《しょうらい》の選択肢《せんたくし》が広がり、夢《ゆめ》が実現《じつげん》するように勉強しましょう。

スタディ　外来語

「ケーススタディ」って聞いたことがありますか？「ケーススタディ」は「事例《じれい》から学ぶ」ことで、教育や医療《いりょう》、ビジネスの分野でよく使われる用語です。たとえば食中毒《しょくちゅうどく》を起こした原因《げんいん》の事例《じれい》を集めて、そこから再発防止《さいはつぼうし》に取り組んだり、今後「食中毒《しょくちゅうどく》」を起こさないための新しいアイデアを出し合ったりする研究方法です。

和語

小物

漢語

付属品《ふぞくひん》

外来語

アクセサリー

ここでは主《おも》にネックレスやイヤリング、指輪《ゆびわ》などの服飾《ふくしょく》用品を取り上げます。指輪《ゆびわ》、耳飾《かざ》り、首飾《かざ》り、腕飾《うでかざ》りなどの日本のアクセサリー文化は、縄文《じょうもん》時代には豊《ゆた》かに存在《そんざい》していました。

青森県にある三内丸山遺跡《さんないまるやまいせき》（注）の発掘調査《はっくつちょうさ》により大規模《だいきぼ》な集落跡《あと》が見つかり、集落の中心から海に向かって延《の》びる幅《はば》十二メートルの道路や、食物を蓄《たくわ》える貯蔵《ちょぞう》穴《あな》も発見されました。

縄文人《じょうもんじん》は「狩猟採集《しゅりょうさいしゅう》の原始的な生活」というイメージとは異《こと》なる文化的な生活をしていたようです。縄文人《じょうもんじん》は髪飾《かみかざ》り、耳飾《かざ》り、腕輪《うでわ》などのアクセサリーをつけていました。材料《ざいりょう》はヒスイやコハク、クマやイノシシの牙《きば》、貝殻《かいがら》などで、これらの「小物」は「付属品《ふぞくひん》」としての飾《かざ》りだけでなく、お守りや儀式《ぎしき》のためにも使っていました。

注：三内丸山遺跡《さんないまるやまいせき》は縄文《じょうもん》時代前期から中期（紀元《きげん》前約《やく》3900年～2200年）の大規模《だいきぼ》な集落跡《あと》。2021年には「北海道・北東北の縄文遺跡群《じょうもんいせきぐん》（三内丸山遺跡《さんないまるやまいせき》を含《ふく》む）が世界文化遺産《いさん》に登録《とうろく》された。

小物

和語

三内丸山遺跡《さんないまるやまいせき》からは多くの「小物」も発掘《はっくつ》されています。土器《どき》や石器《せっき》、木製品《もくせいひん》、骨角器《こっかくき》、編《あ》みカゴ、漆製《うるしせい》品《ひん》などです。青森では産出《さんしゅつ》しないヒスイや黒曜石《こくようせき》、アスファルトなども発掘《はっくつ》され、そこから縄文《じょうもん》時代の人々は北海道や長野と交易《こうえき》を行っていたことがわかったのです。黒曜石《こくようせき》は狩猟《しゅりょう》の道具である弓矢《ゆみや》や槍《やり》、調理などに使うナイフなどの「小物」に加工されました。天然《てんねん》のガラスである黒曜石《こくようせき》は加工しやすかったようです。

付属品《ふぞくひん》

漢語

古墳《こふん》時代後期以降に装飾品《そうしょくひん》が使われなくなったとする説もあり、付属品《ふぞくひん》として残ったのは「櫛《くし》」だけです。農耕《のうこう》社会では付属品《ふぞくひん》は不必要《ふひつよう》であり、むしろ家や土地の方が重要《じゅうよう》でした。江戸《えど》時代につくられたものには「付属品《ふぞくひん》」としての装飾《そうしょく》的な鎧《よろい》、かぶと、刀剣《とうけん》、髪飾《かみかざ》りや印籠《いんろう》、根付《ねつけ》（巾着《きんちゃく》や印籠《いんろう》などを帯《おび》につるす時に落ちないようにするための留《と》め具）などがあります。

アクセサリー

外来語

明治《めいじ》時代になりファッションの一部としてネックレスやイヤリング、指輪《ゆびわ》などのアクセサリーが輸入《ゆにゅう》されるようになりました。現在《げんざい》ではファッションの流行はインターネットでグローバルに拡散し、世界で同じアクセサリーが流行したり、民《みん》族固有《ぞくこゆう》のアクセサリーが輸入《ゆにゅう》されたりしています。日本の古代のアクセサリーも復元《ふくげん》されています。

誰《だれ》が話しているかわかりますか？

日本語って面白《おもしろ》いですね。
言葉から「どんな人が話しているか」を想像《そうぞう》できるのです。

a「あのね、ボクきのう高尾山《たかおさん》に行ったんだよ」

b「わしは高尾山《たかおさん》には登ったことがないんだ」

c「わたし、小学校の遠足で高尾山《たかおさん》に参《まい》りましたのよ」

d「あたし、今度家族と高尾山《たかおさん》に登るの」

e「オレだって高尾山《たかおさん》くらい行ったことがあるさ」

右の5人の人の性別《せいべつ》と大体の年齢《ねんれい》がわかりますか？

aは「ボク」と言っています。男ですが、文章の最後が「行ったんだよ」と誰《だれ》かに報告《ほうこく》しているような感じがあります。それに文章のはじめは「あのね」で誰《だれ》かに話しかけている雰囲気《ふんいき》が感じられます。話し手はたぶん、小学生くらいの男の子でしょう。

bは自分のことを「わし」と言っています。男性《だんせい》でしかも年《ねん》齢《れい》もだいぶ上の人でしょう。時代劇《じだいげき》の映画《えいが》などを見ると侍《さむらい》も自分のことを「わし」とか「拙者《せっしゃ》」と言っていますが、今でも高齢《こうれい》の男性《だんせい》で「わし」と言う人がいるのですね。文《ぶん》末《まつ》の「ないんだ」は相手に自分の話を聞かせているという感じもありますから、聞き手はこの男性《だんせい》より目下か若《わか》い人なのでしょう。

cは自分のことを「わたし」と言っています。「わたし」は一般《いっぱん》的《てき》に自分を指す言葉ですからここだけでは男女の区《く》別《べつ》や年齢《ねんれい》は特定《とくてい》できません。しかし「参《まい》りましたのよ」から話し手は高齢《こうれい》の女性《じょせい》と推測《すいそく》できます。日本語で「参《まい》る」は「行く」の謙譲語《けんじょうご》ですが、自分の言葉が「上品」であることを示《しめ》すこともできます。この場合は文末《ぶんまつ》が「のよ」と主《おも》に年配の女性《じょせい》が使う終助詞《しゅうじょし》が使われていることから、年齢《ねんれい》と性別《せいべつ》が推測《すいそく》できるのです。

dは女の子、年齢《ねんれい》はたぶん幼稚園《ようちえん》から小学校低《てい》学年と推測《すいそく》できます。「あたし」は女の子が使う一人称《いちにんしょう》ですが、大人《おとな》になるに従《したが》って「わたし」になっていくことが多いのです。文末《ぶんまつ》は「登るの」となっていて、話し相手に知らせたいという気持ちが「の」

に込《こ》められています。

eは「オレだって」と言っています。男性《だんせい》であることはわかりますが、年齢《ねんれい》は判断《はんだん》するのが難《むずか》しいです。小学校高学年から年配の男性《だんせい》まで当てはまります。ただ、「〜さ」と自分の経験《けいけん》を強調しているので、相手との関係は自分が目上か同等である場合が多いです。これは相手が目上の場合には使わない表現《ひょうげん》です。

このように日本語には、一人称《いちにんしょう》や文末《ぶんまつ》の終助詞《しゅうじょし》などで「どんな人がどんな人に話しているのか」を想像《そうぞう》できる言語であるという特徴《とくちょう》があります。

今世界の共通語になっている英語の「I《アイ》」は「わたし」「ボク」「あたし」「オレ」などの区別《くべつ》がないのですが、日本語に翻訳《ほんやく》する場合は翻訳者《ほんやくしゃ》がその人の年齢《ねんれい》や立場を考えて上手《じょうず》に日本語にします。

日本語って一人称《いちにんしょう》を見るだけでも、面白《おもしろ》い言語であることがわかりますね。

和語

進め方（企《くわだ》て）

漢語

企《き》画《かく》（計画）

外来語

プラン

小学校六年生になると修学旅行《しゅうがくりょこう》があります。先生に「みなさん、修学旅行《しゅうがくりょこう》に向けて、グループごとに場所、日時、費用《ひよう》、旅行の行程《こうてい》について計画し、企画書《きかくしょ》をつくりましょう」と言われ、わたしのグループも企画書《きかくしょ》の進め方について話し合いをはじめました。

企画《きかく》・計画は実現《じつげん》すべき物事の内容《ないよう》（修学旅行《しゅうがくりょこう》の企画書《きかくしょ》作成）を考えて計画することです。

プランはある計画「修学旅行《しゅうがくりょこう》の企画書《きかくしょ》作成」を行うために立てる手順《てじゅん》のことです。

修学旅行《しゅうがくりょこう》はどのグループの案《あん》に決まるのでしょうか？

進め方（企《くわだ》て）

和語

企画《きかく》・計画やプランを実行するためには「進め方」が大事です。企画《きかく》の「企《き》」を訓読《くんよ》みすると「企《くわだ》てる」になります。しかし「企《くわだ》てる」は「いたずらを企《くわだ》てる」「陰謀《いんぼう》を企《くわだ》てる」のように悪いことを計画する場合に使われることが多いので、ここでは「企画《きかく》」「計画」「プラン」のどの用語にも使える「進め方」を和語として採用《さいよう》します。

企画《きかく》（計画）

漢語

「企画《きかく》」はあることをするために計画を立てることです。農薬を使わない果物《くだもの》の売り出しを考えるとしたら。果物《くだもの》の名前の商品企画《きかく》、テレビコマーシャルやネットでの広報企画《こうほうきかく》、どう売り出すかの営業企画《えいぎょうきかく》のほか、農薬を使わない果物《くだもの》の消費者《しょうひしゃ》ニーズを分析《ぶんせき》するのも大事です。新しいアイデアのための「企画力《きかくりょく》」が問われるのです。

プラン

外来語

ある事業を行うために立てた手順《てじゅん》や用《もち》いるものなどについての案《あん》のことです。予定一般《いっぱん》の意味でも使われます。「修学旅行《しゅうがくりょこう》のプランなんだけど、佐渡島《さどがしま》に船で行くのってどう？」「そのプランに賛成《さんせい》」「そのプランなんだけど、安全性《せい》に問題ないかな」「綿密《めんみつ》なプランが必要《ひつよう》だね」のように会話でもよく使われます。

和語

世話

漢語

介護《かいご》

外来語

ケア

「世話」は相手の身の回りをあれこれ面倒《めんどう》を見ることで、人間だけが対象《たいしょう》ではなく、動物や植物も対象《たいしょう》となります。「お世話になります」「お世話をします」のように「〜になる」（自動詞《じどうし》）、「〜をする」（他動詞《たどうし》）の両方とも日常語《にちじょうご》でよく使われます。

「介護《かいご》」は体や心が健全《けんぜん》でない状態《じょうたい》にある人の世話をすることで、対象《たいしょう》は人間です。QOL（クオリティーオブライフ）といって、介護《かいご》を必要《ひつよう》とする人が自分らしく充実した生活を送ることができるように介護《かいご》する人が見守りやアドバイスをすることも重要《じゅうよう》です。

「ケア」は病人や老人《ろうじん》の世話、介護《かいご》、リハビリテーションなどを含《ふく》む用語です。

世話　和語

「いつもお世話になります」は先生や近所の人に挨拶《あいさつ》する時の母の口癖《くちぐせ》です。「世話をする」範囲《はんい》は実に広く、病院で看護師《かんごし》さんは「患者《かんじゃ》の世話をする」、家庭で兄は「妹の世話をする」、姉は「花の世話をする」、学校で先生は「生徒《せいと》の世話をする」、そしてわたしは家で飼《か》っている「猫《ねこ》と犬の世話をする」。わたしは動物の世話をするのが好《す》きです。

介護《かいご》　漢語

直接的な身体の介護《かいご》だけでなく、見守りやアドバイスという形で介護《かいご》を必要《ひつよう》とする人の精神的《せいしんてき》・社会的な自立を支援《しえん》することが重要《じゅうよう》です。祖父《そふ》は「寝《ね》たきり」の状態《じょうたい》ですが、トイレや入浴《にゅうよく》、食事などの介護《かいご》に時々専門《せんもん》の人をお願《ねが》いしています。

ケア　外来語

「ケア」には「整備《せいび》」や「管理《かんり》」という意味もあります。「お肌《はだ》のケア」「スキンケア」「アフターケア」などがよく使われます。

「在宅《ざいたく》ケア」は介護《かいご》を必要《ひつよう》とする人に対して在《ざい》宅医《たくい》やケアワーカーなどが定期的に自宅《じたく》を訪問《ほうもん》して、「医療《いりょう》」や体調管理《かんり》などを行う制度《せいど》です。介護《かいご》を必要《ひつよう》とする人も自宅《じたく》にいながら介護《かいご》してもらえる制度《せいど》が日本では整っています。

和語

洗《あら》う

漢語

洗《せん》濯《たく》

外来語

クリーニング

夏休みの林間学校で那《な》須《す》高《こう》原《げん》に来ています。食事の後、先生が「みなさん、自分の食器《しょっき》は自分できれいに洗《あら》ってくださいね」と言ったら、「はい、きれいに洗濯《せんたく》します」とアメリカからの留学生《りゅうがくせい》が答えたのでみんなどっと笑《わら》いました。留学生《りゅうがくせい》は困《こま》った顔をして「はい、きれいにクリーニングします」と言ったので、わたしは小声で「洗《あら》います、だよ」と教えてあげました。

先生が助《たす》け舟《ぶね》を出して、「洗濯《せんたく》は汚《よご》れた洋服などを洗《あら》ってきれいにすることで、食器《しょっき》洗《あら》いには使えません。クリーニングは主《おも》に洗濯屋《せんたくや》さんに出すドライクリーニングのことで、ウールのセーターや革《かわ》のコートなどを洗《あら》うのはクリーニングですよ」と説明してくれました。留学生《りゅうがくせい》には使い分けが難《むずか》しいみたいです。

洗《あら》う　　和語

「食器《しょっき》を洗《あら》う」「手を洗《あら》う」のように水などで汚《よご》れを取ることを言います。しかし、物を洗《あら》う以外に「この詩を読んで心が洗《あら》われました」のように受身形で使われることもあります。またテレビドラマで刑事役《けいじやく》が言う「犯人《はんにん》の身元を洗《あら》ってみたら……」などのように特《とく》別《べつ》な使い方をすることもあります。

洗濯《せんたく》　　漢語

汚《よご》れた服などを洗《あら》ってきれいにすることを「洗《せん》濯《たく》」と言い、「洗濯表示《せんたくひょうじ》」にある「洗濯《せんたく》の際《さい》、色移《いろうつ》りに注意」など、もっぱら「衣服《いふく》」が対象《たいしょう》です。「手を洗濯《せんたく》する」とは言いません。

「鬼のいぬ間に洗濯《せんたく》じゃぶじゃぶ」（怖《こわ》い人や気を使わなければならない人がいない間に、好《す》きなだけくつろごう）という表現《ひょうげん》、面白《おもしろ》いですね。「じゃぶじゃぶ」は手洗《あら》いする様子を表したオノマトペです。

クリーニング　　外来語

「クリーニング店」に出すもの、あなたの家では何ですか？　お父さんのスーツやお母さんの着物、家では洗濯《せんたく》しにくいものはクリーニング店に！

最近は「ハウスクリーニング」と言って、家の水回り（お風呂《ふろ》場、キッチン、トイレ）、玄関《げんかん》、ベランダ、エアコンなどをクリーニングしてくれる専門《せんもん》業者もいます。「家中をクリーニング」、昔は家族でしたものですが……。

和語

贈《おく》り物《もの》

漢語

贈《ぞう》答《とう》品《ひん》

外来語

ギフト

贈《おく》り物《もの》も贈答品《ぞうとうひん》も英訳《えいやく》するとgift《ギフト》になります。そして日本語ではギフトという外来語が存在《そんざい》します。お誕生日《たんじょうび》に友だちから「贈《おく》り物《もの》」をもらうように、「贈《おく》り物《もの》」は私的《してき》に送ることが多いです。それに対して「贈答品《ぞうとうひん》」や「進物《しんもつ》」（漢語）は祝《いわ》い事《ごと》や季節《きせつ》の挨拶《あいさつ》（お中元やお歳暮《せいぼ》）のように社交上の慣例《かんれい》として贈《おく》られます。

また「進学祝《いわ》い」や「お返し」「お中元」「お歳暮《せいぼ》」など行事色が強い贈《おく》り物《もの》をギフトと呼《よ》ぶことが多く、ギフトカードが添《そ》えられることもあります。年末《ねんまつ》になると「ギフトカタログ」が自宅《じたく》に送られてきて、御両親がその中からお歳暮《せいぼ》を選んでいることはありませんか?

贈《おく》り物《もの》

和語

お友《とも》だちに「誕生《たんじょう》日《び》祝《いわ》い」の「贈《おく》り物《もの》」をする時、「お誕生《たんじょう》日《び》おめでとう！　これからも仲良《なかよ》くしてね」などのカードを添《そ》えると喜《よろこ》ばれます。

クリスマスにはサンタクロースが来ますか？　前から欲《ほ》しかったものなどがもらえて、サンタクロースが何でも知っていることに驚《おどろ》きませんでしたか？　わたしは小学校６年生までサンタクロースの存在《そんざい》を信じていましたよ！

贈答品《ぞうとうひん》

漢語

夏に自宅《じたく》に送られてくる「お中元」の中であなたが嬉《うれ》しいものって何ですか？　小学生に人気があるのは「アイスクリーム・シャーベット詰《つ》め合わせ」のようです。冷《つめ》たいものを食べすぎないでね。

12月中頃《ごろ》に送られてくる「お歳暮《せいぼ》」の中では「ケーキ」や「プリン」が入ったスイーツ詰《つ》め合わせが嬉《うれ》しいのではありませんか？　虫歯に気をつけてね！

ギフト

外来語

英語のgift《ギフト》には「贈《おく》り物《もの》」の他に「才能《さいのう》」という意味もあります。「才能《さいのう》」は神様からの「贈《おく》り物《もの》」と考えられているからです。

日本語の「ギフト」は「贈《おく》り物《もの》」「贈答品《ぞうとうひん》」「進物《しんもつ》」すべてを含《ふく》んでいることが多く、「ギフト券《けん》」（図書カードや百貨店《ひゃっかてん》の商品券《けん》）、ギフトショップ（贈《おく》り物《もの》を専門《せんもん》に扱《あつか》う店）などもあります。

和語 **読む**

漢語 **読書**

外来語 **リーディング**

「読む」は非常《ひじょう》に広範囲《こうはんい》に使われます。「参考書《さんこうしょ》の解説《かいせつ》や問題文などを読む」「プラモデルの説明書を読む」「クリスマスセールのチラシ広告《こうこく》文を読む」など、「読書」や「リーディング」とは異《こと》なり「文字で書かれたもの」のほとんどが「読む」対《たい》象《しょう》となります。また「相手の心を読む」のように「心の動きを類推《るいすい》する」のも「読む」が使われます。

「読書」は、読む対象《たいしょう》が本に限《かぎ》られます。あなたの学校にも「読書室」や「読書の時間」があるのではありませんか？ そこで「読書三昧《どくしょざんまい》」もいいですね。

「リーディング」は主《おも》に外国語の文章などを読むことを言います。最近AI《エーアイ》がこの分野でも活躍《かつやく》するようになり、多様な言語で書かれた文章を読むことが容易《ようい》になってきました。

読む

和語

「読む」は文字で書かれたものを声に出したり、その内容《ないよう》を理解《りかい》することです。国語の授業《じゅぎょう》で先生に「起立《きりつ》してこの詩を読んでください」と言われたら声に出して読みます。自宅《じたく》で詩《し》を読む時は意味や情景《じょうけい》を想像《そうぞう》しながら「黙読《もくどく》」する場合もあります。「読む」の対象範囲《たいしょうはんい》は広く「マンガ」「手紙」「本」「メール」「参考書籍《さんこうしょせき》」「新聞」などです。

読書

漢語

「読書」は「本を読む」ことで、手紙、マンガ、メール、新聞などを読むのは「読書」とは言いません。ある調査《ちょうさ》で「読書量《りょう》が多いほど、語彙量《ごいりょう》が多い」という結果《けっか》が出ています。「語彙《ごい》」は、その人が使える単《たん》語《ご》や表現《ひょうげん》のことで、「語彙《ごい》」が多い方が複雑《ふくざつ》な概念《がいねん》や感情を伝《つた》えることができます。

「話し言葉」よりも「書き言葉」の方が語彙量《ごいりょう》は必要《ひつよう》です。

リーディング

外来語

外国語で書かれた書籍《しょせき》を読んで、粗筋《あらすじ》や感想をまとめるなどの仕事に「リーディング」があります。「リーディングスキル」というのは、外国語で書かれた文章を読んで理解《りかい》する能力《のうりょく》のことで、外国語の手紙やメール、チャットなどに対応《たいおう》する時に必要《ひつよう》とされます。

タロット占《うらな》いでも、カードの意味を読み取ることを「リーディング」と言います。

和語

晩飯《ばんめし》

漢語

晩《ばん》ご飯《はん》

外来語

ディナー

「晩飯《ばんめし》まだー？」（お父さん）、「もうすぐですよ～」（お母さん）
みなさんの家ではこんな会話が聞かれますか？　おそらくテレビでしか聞けない会話かもしれませんね。今から三十年くらい前までは、お母さんが夕食の準備《じゅんび》をして、その間お父さんは新聞を読んだりテレビを見たりして「晩飯《ばんめし》」のできるのを待ったものです。

今では「今夜の晩《ばん》ご飯《はん》、ボクがつくるよ」（お父さん）、「じゃお願《ねが》い、まだ仕事が終わらなくて」（お母さん）という光景《こうけい》もふつうになってきました。夫婦《ふうふ》共働《ともばたら》きの比率《ひりつ》は二十代では六十七％、三十代でも四十七％というデータがあります。

「今日は結婚《けっこん》記念日《きねんび》なので、あのレストランでディナーにしましょう」とお母さん。子どもたちはお留守番《るすばん》してあげましょうか。

晩飯《ばんめし》

和語

「夕食」は男性《だんせい》も女性《じょせい》もふつうに使う日本語ですが、「晩飯《ばんめし》」と「飯《めし》」という語は男性《だんせい》しか使いません。それも年配の男性《だんせい》（昭和世代）たちです。年配の男性《だんせい》たちの間では「晩飯食《ばんめしく》いに行こう」という表現《ひょうげん》はまだ使われています。しかし、平成生まれの男性《だんせい》の言葉は変化してきて、この表現《ひょうげん》はほとんど使われなくなっています。

晩《ばん》ご飯《はん》

漢語

外国の人に日本語を教えていた時に、「朝はトースト、昼はスパゲッティなのに、どうして『ご飯《はん》にしましょう』と言うのですか？」と聞かれたことがあります。「ご飯《はん》」は「飯《めし》」に「御《ご》」をつけると、米という意味の他に食事の意味にも使われるのです。

ディナー

外来語

イタリアンやフレンチなど西洋料理《りょうり》で一日のうちの正式な食事、特に「晩餐《ばんさん》」を言います。「正餐《せいさん》」ではオードブルからはじまりメインディッシュ（肉料理《りょうり》や魚料理《りょうり》）、デザートで終わるフルコースが準備《じゅんび》されます。そういうディナーに御両親といっしょに出席《しゅっせき》できる場合は服装《ふくそう》にも気をつけましょう!

和語

米の研《と》ぎ汁《じる》

漢語

洗髪料《せんぱつりょう》

外来語

シャンプー

　平安時代の宮廷《きゅうてい》の女性《じょせい》たちは、十二単《じゅうにひとえ》の着物を着て腰《こし》の下まである髪《かみ》をしていました。長い髪《かみ》の手入れは米の研《と》ぎ汁《じる》や灰《はい》を混《ま》ぜた水の上澄《うわず》みを使っていたのです。

　明治《めいじ》時代、女性《じょせい》たちは「日本髪《がみ》」のヘアースタイルでした。その頃《ころ》からお風呂《ふろ》屋《や》さんの女風呂《ぶろ》には「髪洗《かみあら》い専用《せんよう》」の湯が用意され、洗髪《せんぱつ》専用《せんよう》の大きな桶《おけ》が備《そな》え付けられ、「洗髪料《せんぱつりょう》」として粘土《ねんど》や火山灰《かざんばい》が使われていました。大正時代から昭和初期にかけては「洗髪料《せんぱつりょう》」として「髪洗《かみあら》い粉《こ》」（白土《はくど》、粉石鹸《こなせっけん》、炭酸《たんさん》ソーダなどを混《ま》ぜたもの）が使われました。

　現在《げんざい》のような「液体《えきたい》シャンプー」が発売されたのは1930年になってからです。

平安時代の女性《じょせい》たちにも使ってほしかったですね。

米の研《と》ぎ汁《じる》

和語

米の研《と》ぎ汁《じる》は平安時代から洗髪《せんぱつ》にも使われてきました。

米の研《と》ぎ汁《じる》に含《ふく》まれるセラミドは、保湿成《ほしつせい》分《ぶん》として現代の化粧品《けしょうひん》にも配合されています。平安時代にも「米の研《と》ぎ汁《じる》」には髪《かみ》の毛の水分を保《たも》ち、髪《かみ》の乾燥《かんそう》を防《ふせ》ぐ作用があるとわかっていたのです。

洗髪料《せんぱつりょう》

漢語

戦国時代、女性《じょせい》の髪《かみ》の手入れはどうしていたのでしょう。この頃《ころ》も「洗髪料《せんぱつりょう》」には米の研《と》ぎ汁《じる》が使われ、頭髪《とうはつ》用の油《あぶら》としてごま油《あぶら》、つばき油《あぶら》、くるみ油《あぶら》が使われました。ポルトガル宣教師《せんきょうし》フロイスの著書《ちょしょ》『ヨーロッパ文化と日本文化』に「ヨーロッパの女性《じょせい》は高齢《こうれい》になると白髪《しらが》になるが、日本の女性《じょせい》は高齢《こうれい》になっても髪《かみ》が黒々としている」とあります。米の研《と》ぎ汁《じる》＋油《あぶら》の効果《こうか》かもしれません。

シャンプー

外来語

shampoo《シャンプー》はヒンディー語が語源《ごげん》の英語で、それが日本語になりました。「洗髪料《せんぱつりょう》」が「シャンプー」として売られるようになりましたが、その当時はまだ贅沢品《ぜいたくひん》でした。1950年代の広告コピーに、「ムチャです　大切な髪《かみ》を…石鹸《せっけん》や洗剤《せんざい》で洗《あら》うのは」というものがあります。また、1980年代には「朝シャン」という新しい洗髪《せんぱつ》習慣《しゅうかん》も登場しました。

和語

蓑《みの》

漢語

合羽《かっぱ》

外来語

レインコート

蓑《みの》はカヤやスゲなどを編《あ》んで、体を覆《おお》うようにつくった雨具のことです。最近は見かけることがありませんが、童謡《どうよう》「案山子《かかし》」では「山田の中の一本足のかかし　天気のよいのにみの笠《かさ》つけて」と蓑《みの》と笠《かさ》がセットになって歌われています。「笠《かさ》」は頭にかぶるものです。昔の人は雨が降ると傘《かさ》ではなく笠《かさ》をかぶり、蓑《みの》を身につけていました。民芸館《みんげいかん》などで見ることができます。

合羽《かっぱ》は雨天用のマントで、十五世紀《せいき》から十六世紀《せいき》にかけてポルトガルからキリスト教の布教《ふきょう》のために来日していた宣教師《せんきょうし》の服装《ふくそう》を真似《まね》てつくられたものです。「南蛮蓑《なんばんみの》」とも呼《よ》ばれていました。現代《げんだい》の合羽《かっぱ》は水をはじくビニールやゴムでつくられています。

１８２３年にゴムを使った防水布《ぼうすいふ》が発明されて、それをコートに仕立てたものがレインコートと呼《よ》ばれるようになりました。今ではレインウエアという言い方もあります。

蓑《みの》

和語

江戸城《えどじょう》を築《きず》いた太田道灌《おおたどうかん》の有名な話を紹介《しょうかい》しましょう。ある日道灌《どうかん》は鷹狩《たかが》りに出かけました。突然《とつぜん》の雨に見舞《みま》われ、近くの農家に「蓑《みの》を貸《か》してください」とお願《ねが》いしたところ、応対《おうたい》した娘《むすめ》さんから八重山吹《やえやまぶき》の一枝《ひとえだ》を差《さ》し出されました。八重山吹《やえやまぶき》は春に花を咲《さ》かせますが、実がなりません。「実のひとつだに無《な》きぞ悲《かな》しき」（平安時代の歌）の「実の」を「蓑《みの》」にたとえたのです。

合羽《かっぱ》

漢語

「合羽《かっぱ》」は雨天用の「雨合羽《あまがっぱ》」として今も売られています。昔はゴム製《せい》でしたが、今はかさばらない上に撥水《はっすい》加工や防水《ぼうすい》加工されているナイロンタフタが主流です。雨の日に雨合《あまがっ》羽《ぱ》を着るのは、水をはじいて中へ浸入《しんにゅう》させないようにする機能性《きのうせい》があるからです。

レインコート

外来語

レインコートは英語の raincoat をカタカナで書いたものです。今ではレインスーツやポンチョなど豊富《ほうふ》なデザインから選ぶことができます。台《たい》風《ふう》の時にはレインスーツが役に立ちます。長持ちさせるためにはメンテナンスも大切です。

和語

役立つこと

漢語

奉仕《ほうし》

外来語

サービス

英語のservice《サービス》には「奉仕《ほうし》、勤務《きんむ》、運行、取《と》り扱《あつか》い」など、さまざまな意味があります。駅《えき》に「今日の電車のサービスは二十四時までです」と英語で書いてあり、「電車のサービス？」と思ったら「電車の運行」のことでした。しかし日本語の「サービス」の意味は「他の人のために奉仕《ほうし》すること」で、「訪問介護《ほうもんかいご》サービス」や「修理代《しゅうりだい》はサービスにしておきます」などのように用《もち》いられます。お子様ランチにつくおもちゃなどにも「サービス」を使います。

「奉仕《ほうし》」は集団や社会のために尽《つ》くすことで、その典型《てんけい》が「ボランティア」（自発的に社会や他人のために尽《つ》くす人）です。

「奉仕《ほうし》」も「サービス」も他者のために役立つことをするので、和語は「役立つこと」としました。

役立つこと

和語

ある小学校で「将来《しょうらい》どんな人になりたいですか」と質問《しつもん》すると「社会に役立つ人になりたいです」と答える児童《じどう》が何人もいました。日本の明るい未来が見えたような気がして嬉《うれ》しくなりました。地震《じしん》や水害で困《こま》っている人たちの災害支援《さいがいしえん》、募金《ぼきん》活動など、「人のために役立つこと」はたくさんあります。

奉仕《ほうし》

漢語

「奉仕《ほうし》」でいちばん大事なのは「自分の利益《りえき》を求めないこと」です。ボランティア活動などでも他者への思いやりが心の中にないとできません。みなさんの住んでいる地域《ちいき》で朝の清掃《せいそう》活動をしている人や小学校に通《かよ》う交差《こうさ》点などで安全を見守ってくれる人たちは、たいてい「奉仕《ほうし》」で活動しています。子《こ》どもにもできる「奉仕《ほうし》活動」を探《さが》してみましょう。

サービス

外来語

ゴールデンウイークに家族でドライブに行った時に「サービスエリアで、ちょっと休《きゅう》憩《けい》しよう」とお父さん。高速道路の途中《とちゅう》にあって、駐車《ちゅうしゃ》、給油《きゅうゆ》、食事などができるところです。ドライブの帰り、お母さんはスーパーで「宅配《たくはい》サービス」を頼《たの》んでいました。サービスはいろいろな言葉といっしょに複合語《ふくごうご》として使われ、意味が変化していきます。

和語　旅

漢語　旅行

外来語　ツアー

「旅」「旅行」「ツアー」はどれも「自宅《じたく》を離《はな》れて、他の土地に行って、何かを見物したりすること」です。

「人生の旅」という表現《ひょうげん》があります。人生を旅にたとえた表現《ひょうげん》です。「人生の旅行」や「人生のツアー」とは言いません。

旅行会社のチラシには、「家族旅行」や「沖縄《おきなわ》の青い海」のように旅の目的が書かれています。「社員旅行」「新婚《しんこん》旅行」「修学《しゅうがく》旅行」「卒業《そつぎょう》旅行」「日帰り旅行」「バス旅行」など、旅の目的がはっきりしているものが多く見られます。

「ツアー」は旅行会社が企画《きかく》して「移動手段《いどうしゅだん》」＋「宿泊《しゅくはく》」がセットになっているものです。「世界一周《いっしゅう》ツアー」など、添乗員《てんじょういん》が同行してガイドしてくれるツアーもあります。

旅

和語

松尾芭蕉《まつおばしょう》は「奥《おく》の細道《ほそみち》」の旅でたくさんの「俳諧《はいかい》(俳句《はいく》)」を詠《よ》みました。東北や北陸など行く先々の人々とも交流しています。

芭蕉《ばしょう》は「旅心」がつき「旅支度《たびじたく》」をして「旅装束《たびしょうぞく》」をととのえ「奥《おく》の細道《ほそみち》」の「旅路《たびじ》」につきました。「旅先」では多くの俳諧《はいかい》を詠《よ》みましたが、「旅路《たびじ》の果《は》て」「旅疲《たびづか》れ」でしょうか、「旅先」で亡《な》くなってしまいました。(旅の用語の使用例《しようれい》として)

旅行

漢語

小学生に身近な旅行と言えば「修学《しゅうがく》旅行」でしょう。

修学《しゅうがく》旅行は旅行会社や旅行代理店が企画《きかく》したり、実施《じっし》したりします。

結婚式《けっこんしき》の後《あと》には「新婚《しんこん》旅行」で海外旅行に行くこともあります。定番の旅行地は香港《ホンコン》やハワイでしたが、今は旅行先も多様化しています。

ツアー

外来語

「tour《ツアー》」には「周遊《しゅうゆう》」の意味もあります。「日帰りツアー」や「現地《げんち》ツアー」(現地《げんち》に集合し、ガイドがついてまわり現地《げんち》で解散《かいさん》する)から「ヨーロッパ周遊《しゅうゆう》ツアー」まで「ツアー」の使われる範囲《はんい》は広がっています。ツアーは旅行会社が企画《きかく》したもので、交通費《こうつうひ》+ホテル・旅館などがセットになっていて、「個人《こじん》手配旅行」よりも値段《ねだん》が安い場合が多いです。

混《こん》種《しゅ》語《ご》のバリエーション

和語・漢語・外来語の分類《ぶんるい》の他に、混種語《こんしゅご》と呼《よ》ばれるものがあります。

混種語《こんしゅご》は「和語」「漢語」「外来語」のうち二種類《しゅるい》以上《いじょう》を組み合わせてできた語のことです。

和語は日本に文字が伝《つた》わる前からもともと日本に存在《そんざい》した言葉です。「お箸《はし》」のように日常語《にちじょうご》によく使われ、漢字は訓読《くんよ》みされます。美化語といって言葉の前に「お」や「ご」をつける場合、ほとんどは「お」がつきます。

漢語は昔、中国から文字といっしょに入ってきた言葉です。「ご入学」「ご卒業《そつぎょう》」のように漢字は音読みされ、美化語は言葉の前に「ご」がつくことが多いです。ただし日常《にちじょう》使われる言葉の中には「お紅茶《こうちゃ》」のように漢語の「紅茶《こうちゃ》」であっても「お」がつくこともあります。

外来語は中国以外《いがい》の外国から入ってきた言葉で、カタカナで表記されます。日本のようにひらがな、カタカナ、漢字と文字の使い分けがある言語は世界でも珍《めずら》しく、外来語をカタカナで書けることで、新しい外来語がどんどん日本語の中に入ってきています。

ところで、みなさんの家の近くにアイスクリーム屋さんやピザ屋さんはありますか？

「アイスクリーム」「ピザ」は外来語ですが、「屋」は和語ですからこれらは混種語《こんしゅご》になります。

携帯《けいたい》にメールが届《とど》くと思います。その中に「迷惑《めいわく》メール」はありませんか？「迷惑《めいわく》」は漢語、でも「メール」は外来語ですから「迷惑《めいわく》メール」も混種語《こんしゅご》です。

「珍《めずら》しい花？写メしてくれる？」の「写メ」は携帯《けいたい》電話向けサービスの「写メール」のことで、写真（漢語）＋メール（外来語）、つまり混種語《こんしゅご》の省略形《しょうりゃく》ですが、一般的《いっぱんてき》には電子メールに画像《がぞう》を添付《てんぷ》して送信することを言います。カメラ付き携帯《けいたい》電話は2000年頃《ごろ》に登場したもので、「写メ」もその頃《ころ》登場しました。日本語としてはまだ新しい言葉ですが、小学生のみなさんは日常的《にちじょうてき》に使っていると思います。え、「写メ」はもう古い言葉なのですか？

でも「写メ見せて」などと日常的《にちじょうてき》に使われているのをみると、「写メ」はもはや日本語としての地位を確立《かくりつ》していると思います。

「写ラして」、みなさんはこんな表現《ひょうげん》も使いますか？ 写真を撮《と》って「ライン」で送ることです。「写メ」はもう古い表現《ひょうげん》で、「着メロ」、すなわち着信（漢語）＋メロディー（外来語）はもっと古い表現《ひょうげん》のようです。

このように日本語は混種語《こんしゅご》をつくり出すことで、どんどん新しい概念《がいねん》を取《と》り込《こ》んでいます。みなさんも自分のまわりの混種語《こんしゅご》を探《さが》してみませんか。

●編著 :佐々木 瑞枝（ささき みずえ）

京都府生まれ、山口大学教授（1988年～1993年）、横浜国立大学教授（1993年～2003年）を経て武蔵野大学大学院教授（2003年～2013年）、現在同大学名誉教授、金沢工業大学客員教授、釜山外国語大学名誉文学博士、Asahi Evening Newsコラムニスト（1985年～1996年）、『日本語ってどんな言葉？』で第44回産経児童出版文化賞受賞（1997年）、専門は日本語教育学、文部科学省検定国語教科書（中学、光村図書出版）に書き下ろし文掲載。主な著作『外国語としての日本語 その教え方・学び方』（講談社現代新書）、『日本語を「外」から見る』（小学館101新書）、『何がちがう？ どうちがう？ 似ている日本語』『知っているようで知らない日本語のルール』（東京堂出版）、『クローズアップ日本事情15 日本語で学ぶ社会と文化』（ジャパンタイムズ出版）他多数。

●イラスト: 下田 麻美（しもだ あさみ）

中央美術学園卒業後、フリーのイラストレーターとして活動。

最近では別名義シモダアサミとして漫画の執筆活動も行っている。

主な作品に『中学性日記』（双葉社）、『あしながおねえさん』（芳文社）、『恐怖のなぞが解けるとき 3分後にゾッとするラスト』（汐文社）などがある。


同じ? ちがう? 使い方を考えよう!

和語《わご》・漢語《かんご》・外来語《がいらいご》
❶「手品・奇術《きじゅつ》・マジック」生活編《へん》

発　行　2024年12月　初版第１刷発行

編　著　佐々木　瑞枝
発行者　三谷 光
発行所　株式会社 汐文社
〒102-0071　東京都千代田区富士見1-6-1　富士見ビル1F
電話：03-6862-5200　FAX :03-6862-5202
URL：https://www.choubunsha.com/
印　刷　新星社西川印刷株式会社
製　本　東京美術紙工協業組合

ISBN978-4-8113-3144-7　NDC814